Hiltrud Pitz-Thissen

Window-Color
Tiffany-Effekte auf Glas

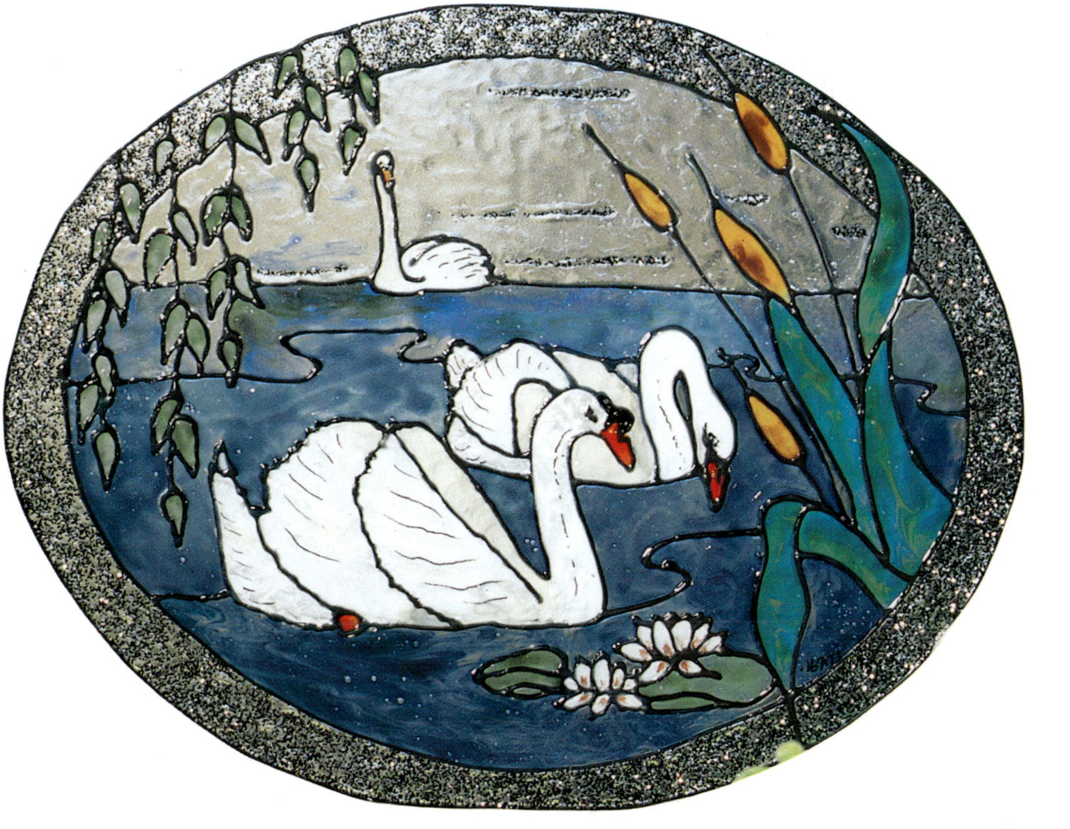

Für ihre Hilfe bei den Window-Color-Vorführungen und
die freundliche Unterstützung meiner Arbeit danke ich Frau Braumann,
Frau Adamik, Frau Neumann und Herrn Richter.
Für ihre unermüdliche Mitarbeit beim Entstehen dieses Buches bedanke
ich mich bei Susanne, für ihre Geduld mit mir bei Paul und Sarah.

Die Deutsche Bibliothek – CIP-Einheitsaufnahme
Window-Color-Tiffany-Effekte auf Glas / Hiltrud Pitz-Thissen. – Wiesbaden: Englisch, 1998
ISBN 3-8241-0831-3

© by Englisch Verlag GmbH, Wiesbaden 1998
ISBN 3-8241-0831-3
Alle Rechte vorbehalten. Nachdruck, auch auszugsweise, verboten.
Fotos: Frank Schuppelius
Herstellung: Michael Feuerer
Printed in Spain

Inhaltsverzeichnis

Vorwort

Liebe Leserin, lieber Leser,

Window-Color kommt aus den USA und erfreut sich nun seit einigen Jahren auch auf dem deutschen Markt zunehmender Beliebtheit. Ich hatte das Glück, diese fantastische Art der Malerei von Anfang an beruflich und privat ausführen zu dürfen. Es ist eine Freude, immer wieder Neues entdecken und ausprobieren zu können, und es ist faszinierend, wie viele unterschiedliche Arten von Gestaltungsmöglichkeiten es gibt.

Und eine „Warnung" sei mitgegeben: das Malen mit Window-Color wird Sie nicht mehr loslassen!

In diesem Buch können nur einige Möglichkeiten vorgestellt werden, hauptsächlich natürlich die beliebte Transfertechnik. Darüber hinaus können Sie Gläser, Vasen, Lampen und ganze Fenster mit phantasievollen Window-Color-Motiven dekorieren. Wenn Sie z. B. gerne selbst gemachte Marmelade verschenken, dekorieren Sie doch einfach das Glas mit der entsprechenden Frucht aus Window-Color. Dazu ein passender Stoff auf den Deckel, mit einer Schleife gebunden, fertig ist ein originelles Geschenk.

Haben Sie einen defekten Spiegel zu Hause, so können Sie auf die Bruchstelle eine vorgefertigte Kontur legen, ein Motiv danach ausrichten, es ausmalen und schon haben Sie den schönsten „Tiffany-Spiegel". Auf diese Weise lassen sich alle Glas- und sogar Keramik- und Porzellangegenstände verschönern oder geschickt kaschieren.

Ich wünsche Ihnen, dass Sie an der Malerei mit diesen faszinierenden Farben genauso viel Freude haben wie ich.

Hiltrud
Pitz-Thissen

Material und Werkzeug

Window-Color ist eine Acrylfarbe auf Wasserbasis ohne chemische Trockenbeschleuniger. Das Trocknen dauert deshalb etwas länger, unsere Umwelt wird dafür aber weniger belastet.

Die Arbeit mit Window-Color ist, wenn Sie alle Hinweise zum Umgang mit der Farbe beachten, kinderleicht und preiswert. Als Material brauchen Sie lediglich:

❖ Window-Color
❖ Holzspieß
❖ Wattestäbchen
❖ Lappen oder Küchenkrepp
❖ Folien (entweder Prospekthüllen aus Polyethylen oder Spezialfolie für Window-Color)

❖ Malspitzen zum Aufschrauben auf die Flaschen
❖ Filzstift in Schwarz

Alle Farben sind untereinander mischbar und mit Hilfe der opaken, also lichtundurchlässigen, Farbtöne lassen sich auf einfache Weise halbtransparente Farbtöne erzielen.

Der größte Vorteil dieser Farben besteht jedoch darin, dass man sie, wenn man sie auf eine Folie gemalt hat, von dieser nach dem Trocknen abziehen und anderswo platzieren kann. So können Sie mit Hilfe der sogenannten Transfertechnik bequem im Sitzen die herrlichsten Fensterdekorationen erstellen.

![Window-Color Materialien und Werkzeug]

Grundanleitung – Das Arbeiten mit Window-Color

Allgemeines

Auf die Malvorlage legt man eine Folie – entweder eine Spezialfolie, die in Geschäften erhältlich ist, die Window-Color führen, oder ersatzweise eine ganz normale Prospekthülle. Dabei sollten Sie jedoch ausschließlich Folien aus Polyethylen verwenden. Von anderen Folien, z. B. PVC, lässt sich die Malerei nicht rückstandslos abziehen. Nach einer Trockenzeit von ca. 24 Stunden – die Trockenzeit richtet sich nach Raumfeuchtigkeit und Raumtemperatur – lässt sich das Bild von der Folie abheben und auf eine Glasfläche drücken, die Farbe haftet von selbst. Durch die Elastizität können selbst stark gewölbte Flächen dekoriert werden, z. B. Karaffen, Gläser usw. Eventuell dabei entstehende Falten werden einfach angedrückt.

Konturen

Die „malbare Bleikontur" (Liquid Leading) enthält natürlich kein Blei, gibt der Malerei aber ihren typischen Tiffany-Charakter. Die Flaschenspitze wird, falls nötig, mit einer Nadel oder aufgebogenen Büroklammer aufgestoßen. Für feine Linien wird eine Metallspitze aufgeschraubt. Konturen werden mit einer Konturpaste gemalt, für feine Konturen verwenden Sie die Malspitze. Diese Spitzen sind in verschiedenen Größen im Hobbyfachhandel erhältlich.

Sie sind speziell für die Window-Color-Flaschen konzipiert und werden aufgeschraubt. Zur Vermeidung von Luftblasen in den Flaschen werden alle Farben auf dem Kopf stehend aufbewahrt. Zum Malen halten Sie die Konturenflaschen senkrecht und drücken einige Millimeter aus der Flasche heraus. Stellen Sie damit den Kontakt zur Folienoberfläche und Ihrem untergelegten Motiv her. Unter gleichmäßigem Druck beginnt man zu malen, wobei man die Flasche ca. 2 cm über die Folie hält und beginnt, die Linie nachzuziehen. Der austretende Konturenstrang darf immer nur leicht angespannt sein. Zieht man zu schnell, reißt der Pastenstrang. Ich male die Konturen vorzugsweise mit beiden Händen, um gleichmäßigen Druck auf die Flasche ausüben zu können. Ist Ihnen etwas missglückt, können Sie sofort die Linie mit einem Wattestäbchen korrigieren. Sollten Sie dies vergessen haben, können Sie nach dem Trocknen die „verunglückte" Stelle mit einer feinen spitzen Schere herausschneiden und neu malen. Nach Vollendung einer Linie schlagen Sie ruckartig die Flasche mit der Spitze nach unten, um die vermalte Farbe wieder aufzufüllen.

Wenn die Konturen nach ca. 4–8 Stunden fest sind, können die Felder ausgemalt werden.

Ausmalen

Die Farben sind beim Auftrag alle milchig und erhalten ihre Transparenz erst nach der Trockenphase. Verwenden Sie

zum Ausmalen keine Pinsel. Die Farbe wird direkt mit der Flaschenspitze aufgetragen und in dem jeweiligen Feld verteilt. Bei besonders kleinen Feldern sollten Sie eine Malspitze verwenden.

Die Farbe sollte so dick wie die Konturen aufgetragen werden, um ein späteres Reißen des „Abziehbildes" zu vermeiden.

Damit Kontur und Farbe sich verbinden, verwendet man einen Holzspieß, z. B. einen Zahnstocher oder einen Schaschlikspieß. Hiermit wird die Farbe bis an die Konturlinie gebracht und gleichmäßig verteilt. Die „Laufrichtung" des Spießes wird nach dem Trocknen sichtbar. Man kann die Malerei damit beeinflussen und Strukturen erzeugen, z. B. durch kreisende Bewegungen.

Malen Sie bitte immer ein Feld fertig aus, bevor Sie mit dem nächsten beginnen. Bitte nehmen Sie nach jedem fertig ausgemalten Feld die Malerei hoch und halten Sie diese ans Licht. Nur so können Sie feststellen, ob Sie die Farbe bis an die Kontur herangebracht haben. Falls nicht, würde das Abziehbild nach dem Trocknen an dieser Stelle reißen. Farben mischt man direkt im Farbfeld, indem man 2 oder 3 Farben zusammen aufträgt und mit dem Zahnstocher ineinander verzieht.

Transfer

Nach vollständiger Trocknung – mindestens 24 Stunden, auch abhängig von der Dicke des Farbauftrags – lässt sich das

Relieffarben

Neu und bislang noch wenig bekannt, sind die sogenannten Relieffarben. Hier liegen verschiedene Farben, teilweise opak, also lichtundurchlässig, teilweise mit Perlmuttpigmenten, teilweise mit Metallic-Flitter vor. Alle Relieffarben lassen sich zudem als Kontur verwenden. Bisher gab es die malbare „Bleikontur" nur in 7 Farbtönen.

Darüber hinaus können diese Farben auch zum flächigen Ausmalen verwendet werden. Dazu sollten zwei Teile Window-Color Kristallklar oder eine andere entsprechende, farblich passende Farbe mit einem Teil der Konturenpaste vermischt werden.

Mit diesen neuen Farben ergeben sich völlig neue Dimensionen in der Glasmalerei. In meinem Buch sehen Sie einige Motive, die mit den neuen farbigen Konturen gestaltet sind. Bei allen Motiven habe ich Farbangaben und spezielle Maltipps angegeben.

Tipps

Sämtliche Motive können Sie mit dem Kopierer vergrößern. Die Zeichnungen habe ich mit einem stärkeren und einem feineren Stift angefertigt. Feine Linien z. B. Blattstrukturen, Wimpern in Gesichtern usw. male ich nach dem Trocknen des Bildes mit der feinen Malspitze. Sie können auch „mogeln" und diese feinen Linien mit einem dünnen, schwarzen, wasserfesten Filzstift malen.

Bild abziehen und auf eine beliebige Glas- oder Kunststofffläche drücken. Für die Transfertechnik muss die Farbe dick aufgetragen werden, bei zu dünnem Auftrag reißt das Abziehbild. Um den typischen Tiffany-Charakter und die imitierte Glasstruktur zu erhalten, ist die Farbverteilung mit Holzspießen wichtig. Ein Auftrag mit Pinsel ist nicht ratsam. Malen Sie direkt auf Glas oder z. B. Acrylkugeln, wovon die Farbe nicht abziehbar ist, muss die Farbe nicht so dick aufgetragen werden. Bis zur endgültigen Aushärtung vergehen einige Wochen. Legen Sie die Bilder bitte nie auf Papier; sie kleben daran fest. Die Bilder sollten immer zwischen 2 Folien transportiert und aufbewahrt werden.

Die Flaschenspitze und die Malspitze reinige ich nach jedem Farbauftrag, bevor ich die Flasche schließe, mit Küchenkrepp (so verhindern Sie eine eventuelle „Hautbildung"). Während des Malens sollten Sie die Flaschen liegend aufbewahren; beim Stellen bilden sich sonst Bläschen.

In den feuchten Farbauftrag kann man Metallic-Flitter streuen. Das gilt auch für dekorative Konturen. Die Kontur sollten Sie dann gut trocknen lassen und den restlichen Flitter mit einem feinen Pinsel entfernen. Auch können Sie in die noch feuchte Farbe Metallicsternchen, kleine Perlen oder Strass legen. Nach dem Hineinlegen können Sternchen usw. mit transparenter Farbe „angeklebt" werden.

Malen Sie direkt auf Glas oder z. B. Acrylkugeln, muss die Farbe nicht so dick aufgetragen werden, da das Bild nicht abgezogen wird.

Mit Window-Color dekorierte Gegenstände sollten nicht gespült, sondern mit einem feuchten Tuch gereinigt werden. Fensterbilder sollten zum Putzen nicht abgenommen werden.

Mit zunehmender Aushärtung der Farbe verlieren die Fensterbilder an Elastizität. Nach öfterem Abnehmen und Wiederaufkleben können sie leicht brechen.

Sie können die Klebefähigkeit durch das Auftragen transparenter Farbe auf der Rückseite wieder aktivieren und gerissene Stellen auf diese Weise flicken.

Die Farbe ist nicht frostfest und bei Dekorationen mit Sonneneinstrahlung verblassen die Rottöne mit der Zeit. Die Farbe haftet auch an anderen Materialien, z. B. Papier. Bitte denken Sie daran, wenn Sie etwas verschenken. Wickeln Sie also Ihr Geschenk vor dem Verpacken in eine Folie oder Plastiktüte.

Unser Arbeitsbeispiel der Fisch:

Er wird nach Anleitung in der Transfertechnik gemalt und kann dann z. B. auf eine Karaffe oder ein anderes Glasgefäß geklebt werden. Als Material brauchen Sie hierfür:

❖ Konturenfarbe in Schwarz
❖ Window-Color in Kristallklar, Rosa, Smaragd, Jeansblau, Hellblau, Schieferblau
❖ Holzstäbchen

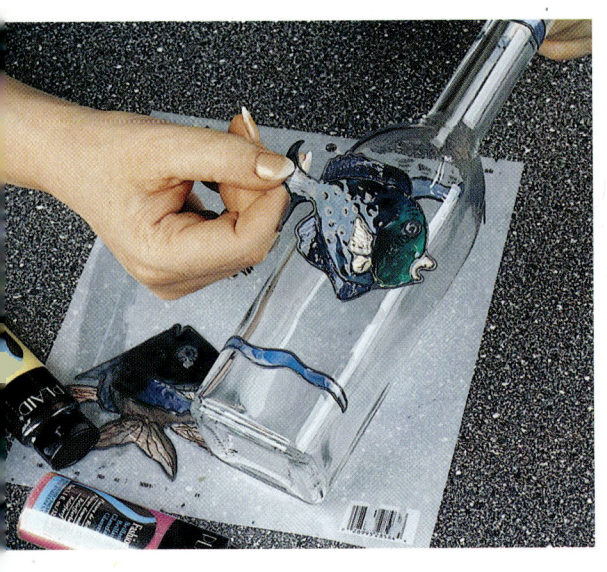

Phantasievolle Fensterbilder

Sonne

Material

✤ Konturenfarbe in Schwarz
✤ Window-Color in Kristallklar, Schneeweiß, Sonnengelb, Grün, Smaragd, Hellblau, Königsblau, Grau, Gold-Flitter, Kristallmatt
✤ Relieffarbe mit Gold-Flitter
✤ Holzstäbchen

Anleitung

Legen Sie die Vorlage unter eine Folie und beginnen Sie die Konturen in Schwarz nachzuzeichnen, sparen Sie die Sonnenstrahlen dabei aus. Danach malen Sie die Flächen nach der Anleitung S. 8. Die Abstufungen der Blau- und Grüntöne erhalten Sie durch ein Vermischen der Farben auf der zu bemalenden Fläche. Orientieren Sie sich bei den Farben an der Abbildung.
Die Sonnenstrahlen werden ganz zum Schluss mit Gold-Flitter auf die getrocknete Farbe gesetzt.

Landschaft

Anleitung

Malen Sie alle Konturen in Schwarz. Bei den Flächen sollten Sie die Farben mischen, um das Bild aufzulockern. Verteilen Sie die Farbe wie S. 8 beschrieben mit einem Holzstäbchen. Eine Fläche wird mit Gold-Flitter ausgemalt, dieser kann mit Kristallklar gemischt werden. In dieser Farbe werden auch die Eckpunkte im Rahmen gesetzt.

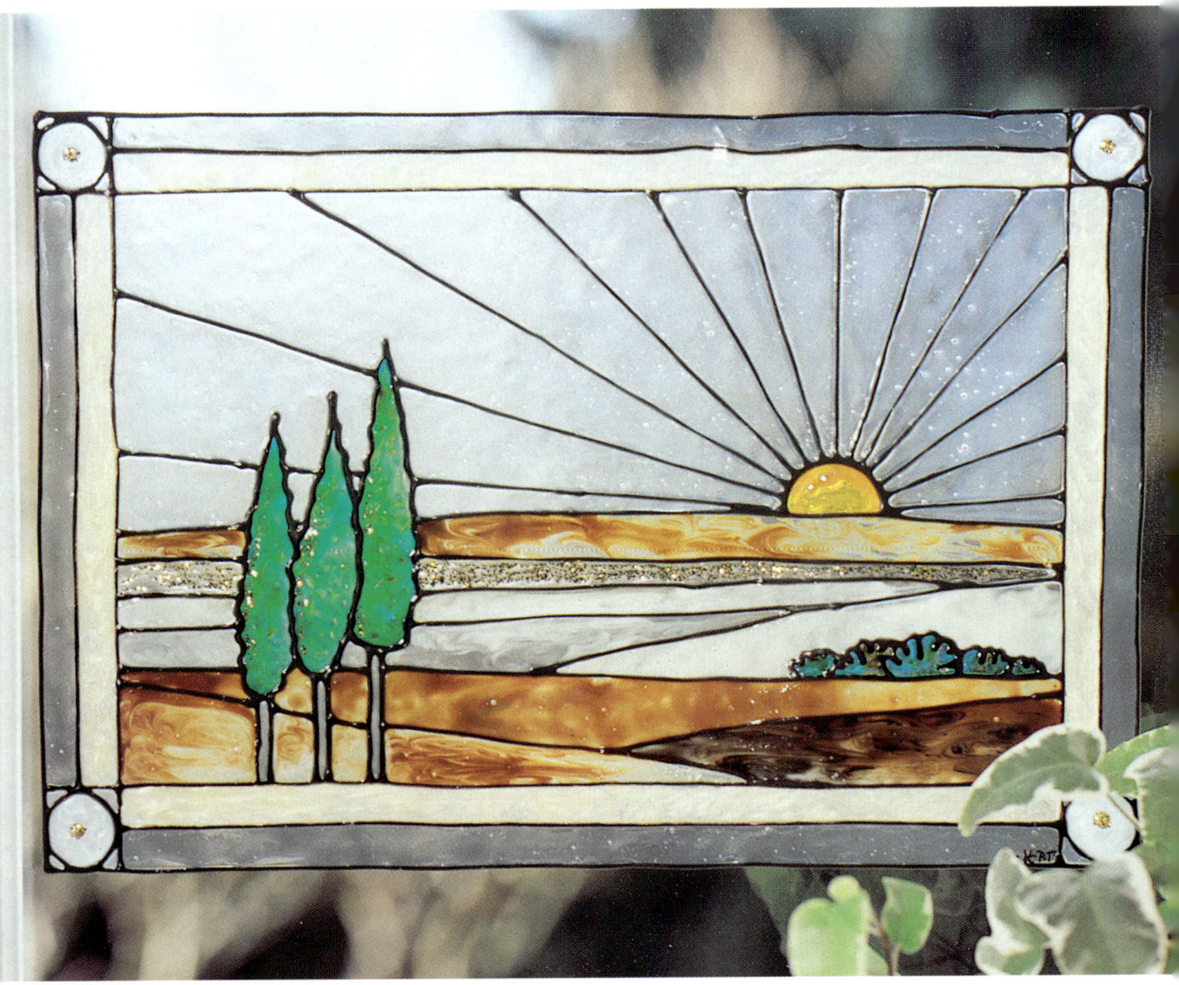

Phantasieornament

Anleitung

Zeichnen Sie die Konturen gemäß der Grundanleitung und malen Sie dann die Flächen aus. Am Ende können Sie in der Mitte des Bildes drei Punkte in Gold-Flitter in die Blütenmitte setzen. Der Effekt des geriffelten Glases entsteht durch das Arbeiten in zwei Schichten. Zunächst werden diese Flächen mit Kristallklar grundiert. Anschließend werden nach dem Trocknen in der gleichen Farbe kleine Pünktchen aufgesetzt.

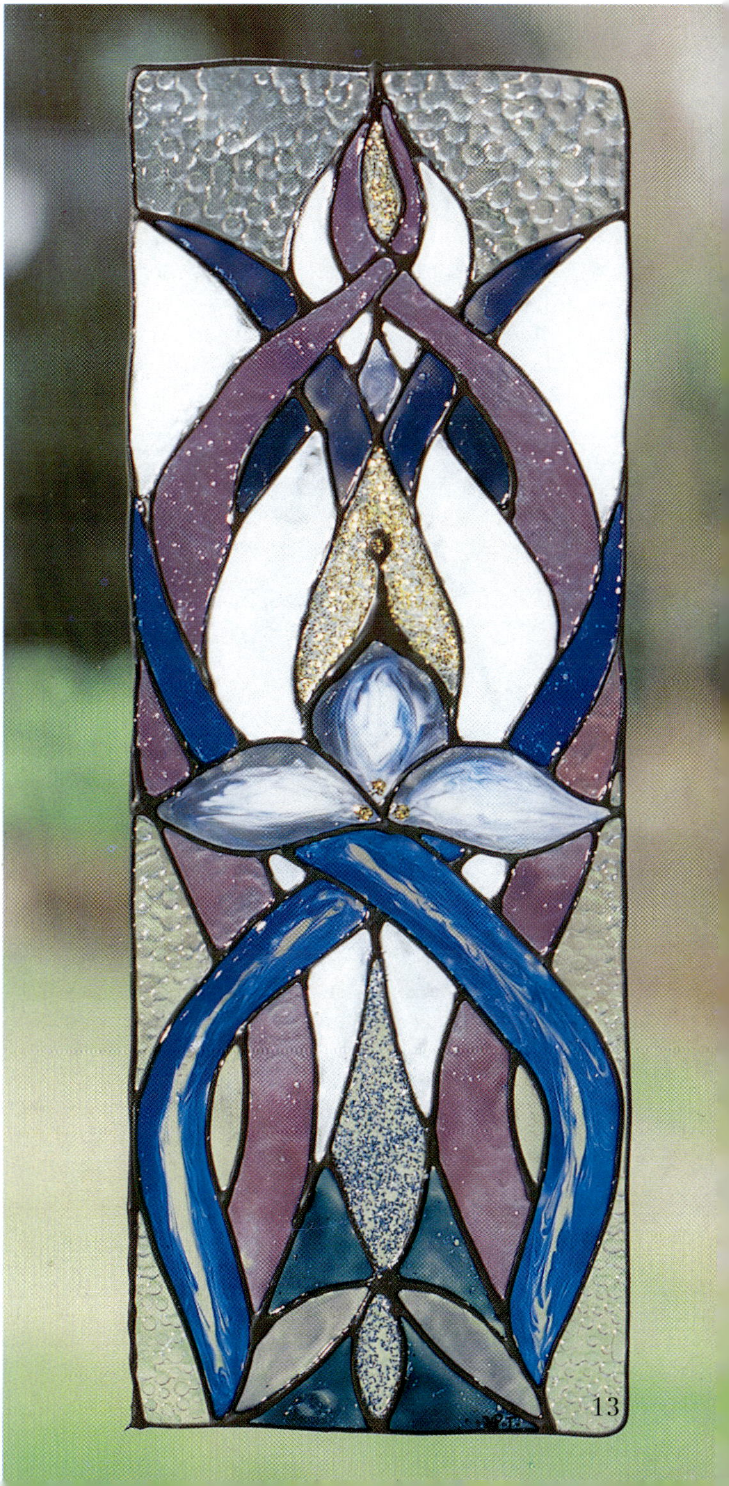

Schwäne

Anleitung

Die Konturen werden in Schwarz, die Flächen in den entsprechenden Farben gemalt. Orientieren Sie sich an der Grundanleitung S. 7 f. sowie an der Abbildung und mischen Sie Ihre Farben auf der zu bemalenden Fläche. Der Rahmen und die Streifen im Himmel werden mit Silber-Flitter gestaltet. Die Zeichnung des Federkleides wird nach dem Trocknen der Farbe mit Filzstift vorgenommen.

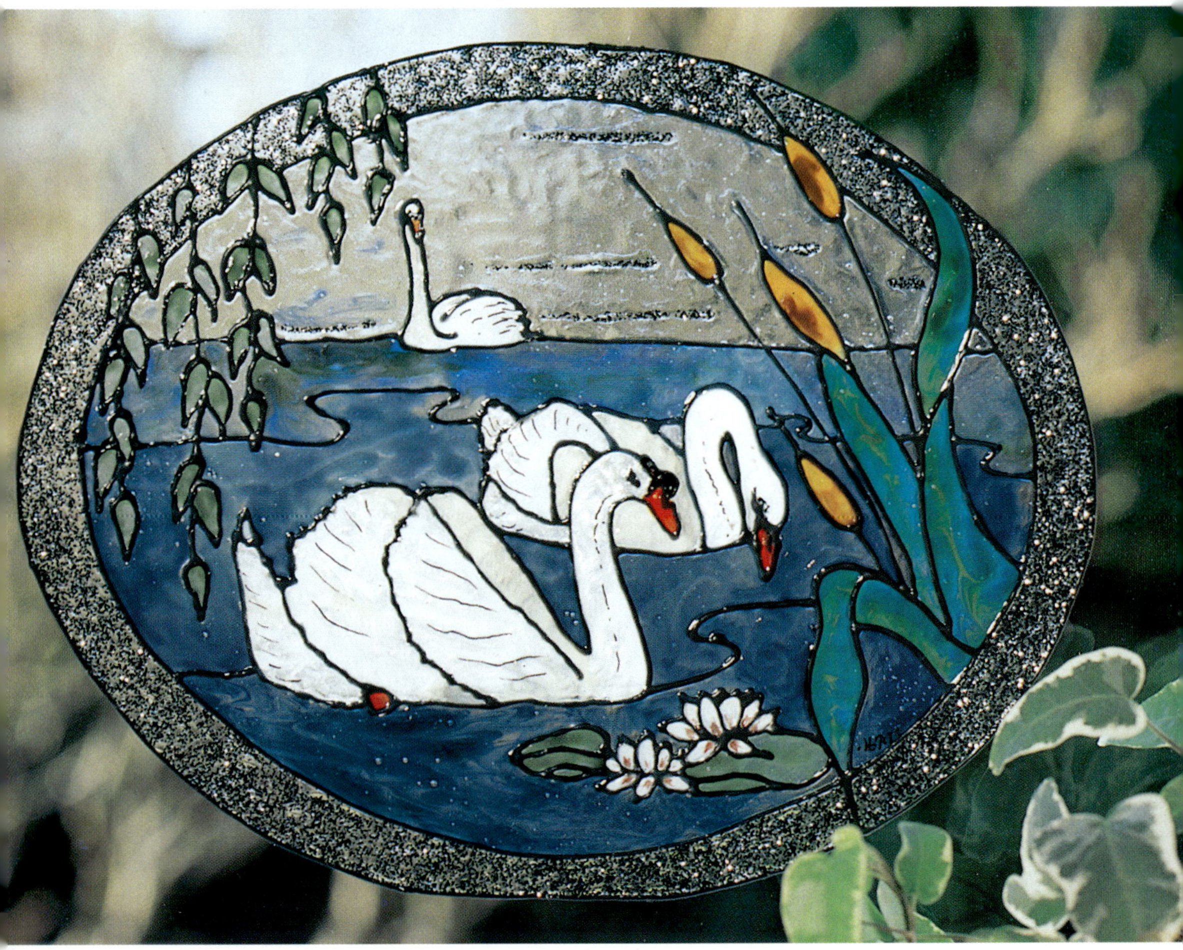

Ornament in Blau und Gelb

Material

❖ Konturenfarbe in Schwarz
❖ Window-Color in Kristallklar,
Schneeweiß, Hellblau, Sonnengelb,
Bernstein, Jeansblau, Schieferblau,
Königsblau
❖ Holzstäbchen

Anleitung

Legen Sie die Folie auf die Vorlage. Zeichnen Sie die Konturen und malen Sie die Farbfelder aus. Die feinen Linien im Hintergrund werden durch verschiedene Blautöne an den Rändern verstärkt. Die kristallklare Fläche wird mit dem Holzstäbchen (s. Grundanleitung S. 8) strukturiert.

Geige

Material

✤ Konturenfarbe in Schwarz
✤ Window-Color in Kristallklar, Kristallmatt, Schneeweiß, Elfenbein, Bernstein, Rosa, Kakaobraun, Grau, Rosenrot, Efeugrün, Gold-Flitter
✤ Relieffarbe mit Gold-Flitter
✤ Filzstift in Schwarz
✤ Holzstäbchen

Anleitung

Legen Sie die Folie auf die Vorlage und malen Sie die Konturen in Schwarz. Feine Linien in den Blumen und auf dem Notenblatt zeichnen Sie später mit Filzstift auf die getrocknete Farbe auf.

Mischen Sie die Farben nach Anleitung auf den entsprechenden Farbfeldern.

Der äußere Rand wird mit Relieffarbe gemalt.

Blaue Lilie

Material

❖ Konturenfarbe in Schwarz
❖ Window-Color in Kristallklar, Elfenbein, Grün, Efeugrün, Hellblau, Jeansblau, Lila, Königsblau, Schieferblau
❖ Relieffarbe mit Gold-Flitter
❖ Holzstäbchen

Anleitung

Legen Sie die Vorlage unter eine Folie und beginnen Sie die Konturen in Schwarz nachzuzeichnen.

Malen Sie danach die Flächen gemäß der Grundanleitung S. 8. Die Muster im Rahmen werden ganz zum Schluss mit Gold-Flitter oder anderen Farben auf die getrocknete Farbe gesetzt.

Seerose

Anleitung

Zeichnen Sie nach Vorlage alle Konturen in Schwarz. Für die farbliche Ausgestaltung der Flächen mischen Sie die Farben jeweils direkt auf der zu bemalenden Fläche. Verteilen Sie die Farbe wie auf S. 8 beschrieben mit einem Holzstäbchen. Die Konturen im Hintergrund werden beim Ausmalen durch hellblaue Ränder verstärkt. Die Muster im Rahmen werden nach dem Trocknen mit Gold-Flitter gestaltet. Die feinen Blattadern können ganz zum Schluss mit einem schwarzen Filzstift aufgezeichnet werden.

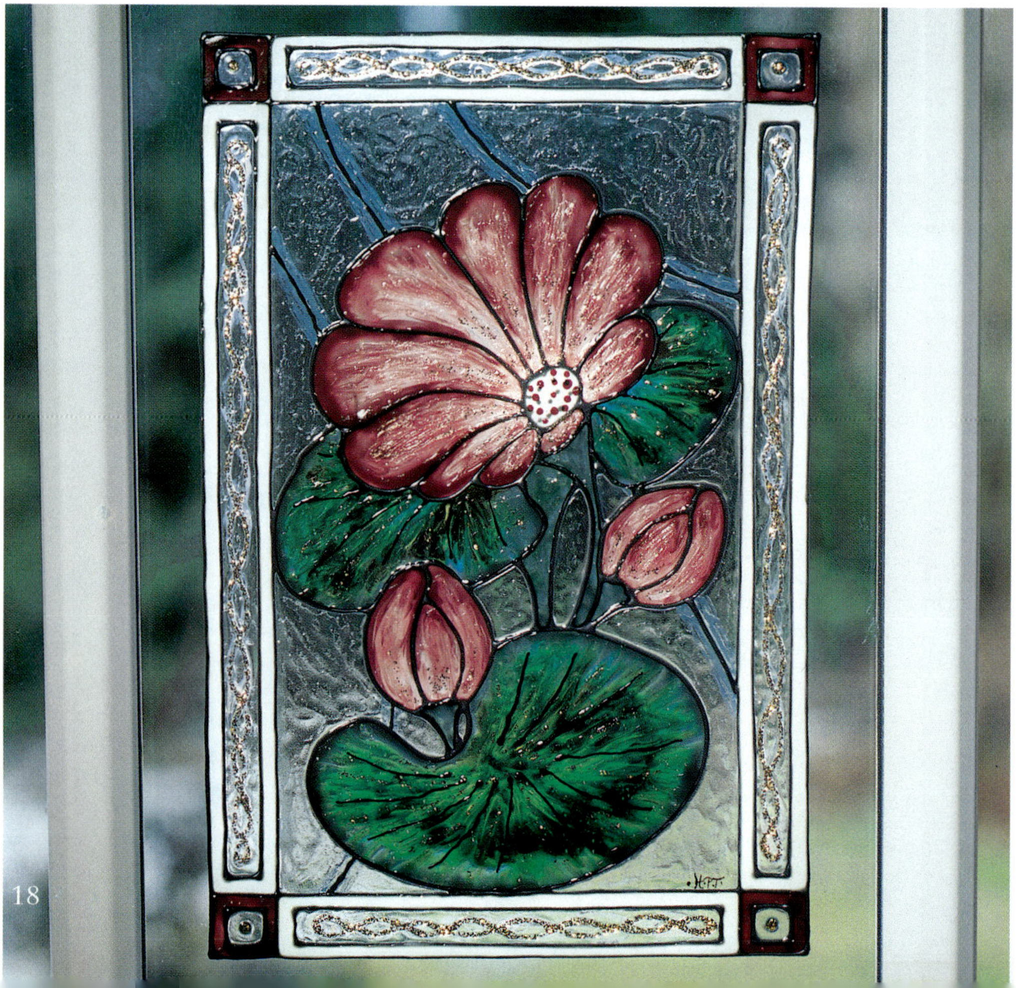

Rote Knospen

Anleitung

Zeichnen Sie die Konturen gemäß der Grundanleitung auf S. 8 und malen Sie anschließend die Flächen aus. Orientieren Sie sich hierbei an der nebenstehenden Abbildung. Die Linien im Hintergrund werden in Grün aufgemalt und mit Hellblau an den Rändern ein wenig verstärkt.

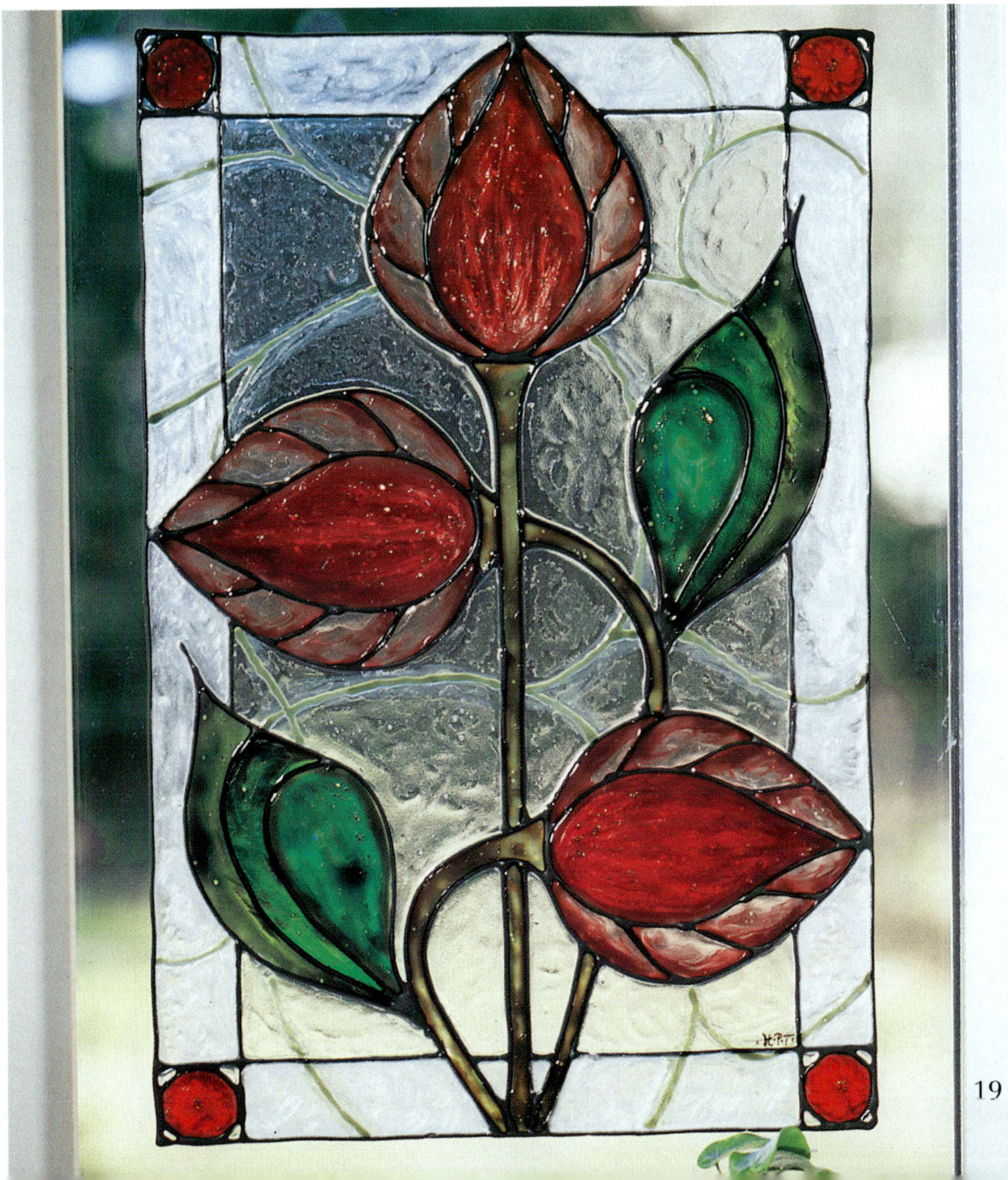

Gelbe Lilien

Material

✤ Konturenfarbe in Schwarz
✤ Window-Color in Kristallklar, Kristallmatt, Schneeweiß, Grün, Efeugrün, Sonnengelb, Hellblau, Elfenbein, Königsblau, Schieferblau
✤ Holzstäbchen

Anleitung

Die Konturen werden in Schwarz, die Flächen in den entsprechenden Farben gemalt. Als Malvorlage dient Ihnen auch hier die Abbildung.

Damit die Blüten plastisch wirken, werden die Ränder immer etwas dunkler gestaltet.

Zarte Blüten

Material
- ❖ Konturenfarbe in Schwarz
- ❖ Window-Color in Kristallklar, Grau, Schneeweiß, Rosa, Grün, Efeugrün, Smaragd, Hellblau, Schieferblau
- ❖ Holzstäbchen

Anleitung

Legen Sie die Vorlage unter eine Folie und beginnen Sie die Konturen in Schwarz nachzuzeichnen, danach werden die Flächen nach der Grundanleitung auf S. 8 ausgemalt. Wenn Sie die Blattränder dunkler gestalten, wirken sie plastischer. Mit einem Holzstäbchen arbeiten Sie die Struktur in die Flächen. Die Blattadern werden ganz zum Schluss mit einem schwarzen Filzstift aufgezeichnet.

Eckornament Blaue Blüten

Anleitung

Dieses Motiv ohne Rahmen wirkt sehr filigran. Sie müssen hierbei großzügig mit Kristallklar arbeiten, um dem Bild die nötige Stabilität zu verleihen. Wie bei den anderen Bildern tragen Sie zunächst die Konturen auf und malen dann die Flächen aus. Die feinen Linien in Lila werden zum Schluss auf die getrocknete Farbe aufgetragen. Feine Blattstrukturen können mit einem Filzstift aufgetragen werden.

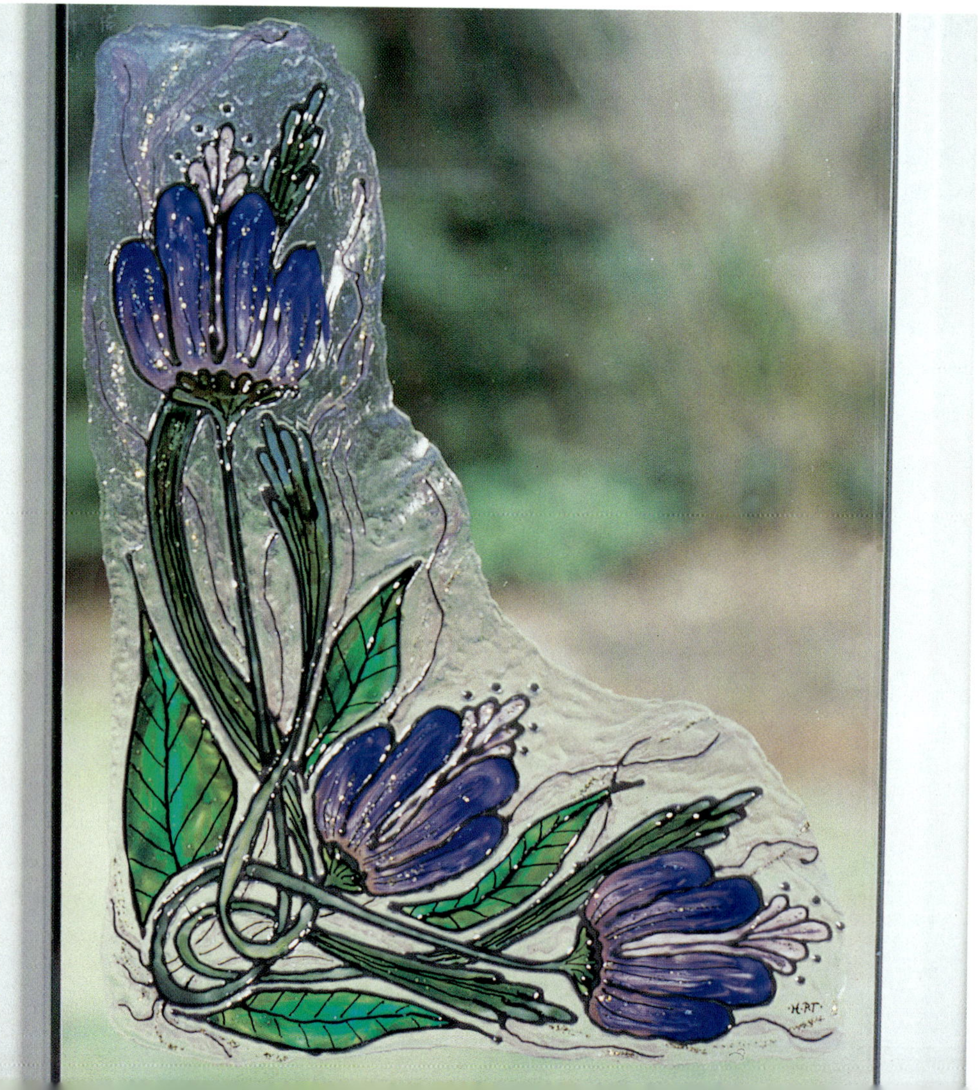

Rote Rosen

Material
- ✤ Konturenfarbe in Gold
- ✤ Window-Color in Kristallklar, Rosa, Rosenrot, Grün, Elfenbein, Smaragd
- ✤ Relieffarbe mit Gold-Flitter
- ✤ Holzstäbchen

Anleitung

Malen Sie alle Konturen in Gold. Bei den Flächen mischen Sie die Farben jeweils auf der zu bemalenden Fläche. Verteilen Sie die Farbe wie auf S. 8 beschrieben mit einem Holzstäbchen. Der Rahmen wird mit Gold-Flitter gestaltet und in den unteren Ecken mit zwei rosenroten Punkten versehen.

Blaue Rosen

Material

- Konturenfarbe in Schwarz
- Window-Color in Kristallklar, Kristallmatt, Schneeweiß, Sonnengelb, Grün, Efeugrün, Königsblau, Jeansblau, Hellblau, Grau
- Relieffarbe mit Gold-Flitter
- Holzstäbchen

Anleitung

Zeichnen Sie die Konturen nach Anleitung und malen Sie dann die Flächen aus. Mischen Sie die Farben auf den jeweiligen Flächen und arbeiten Sie anschließend die Flächenstrukturen mit einem Holzstäbchen heraus. Die Blütenmitten, die Blattadern und die Muster im Rahmen arbeiten Sie mit Gold-Flitter. Orientieren Sie sich dabei an der Abbildung.

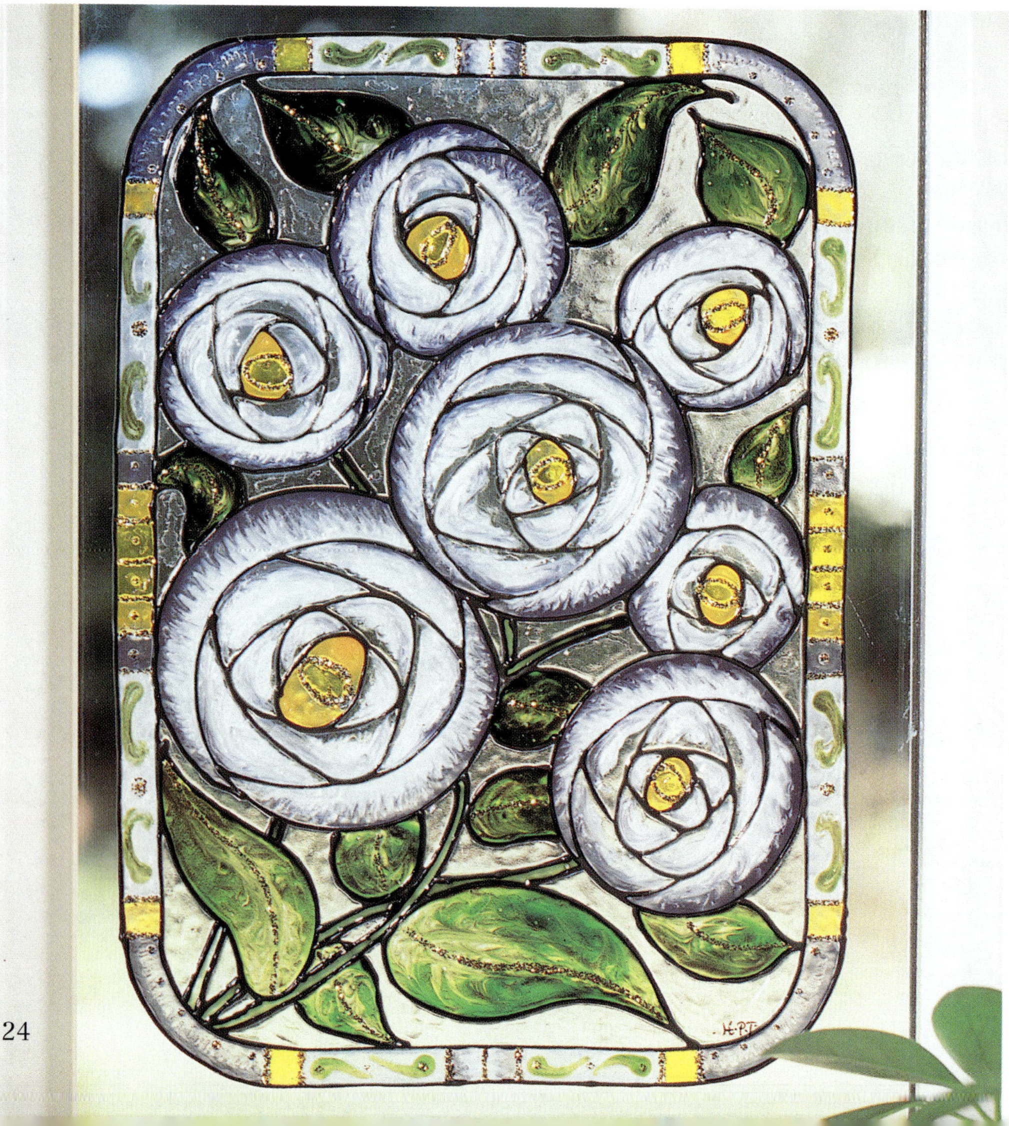

Rote Lilien

Material

- Konturenfarbe in Schwarz
- Window-Color in Kristallklar, Kristallmatt, Schneeweiß, Elfenbein, Gold-Flitter, Kakaobraun, Bernstein, Sonnengelb, Orangerot, Rubinrot, Schieferblau, Smaragd, Grün
- Relieffarbe mit Gold-Flitter
- Holzstäbchen

Anleitung

Malen Sie das Fensterbild gemäß der Grundanleitung auf S. 8. Mischen Sie die Farben direkt auf der jeweiligen Farbfläche und verteilen Sie die Farbe mit dem Holzstäbchen. Der kristallklare Hintergrund wird ebenfalls mit dem Holzstäbchen bearbeitet, damit die charakteristische Glasstruktur entsteht. Die Kreise im Rahmen können in einem zweiten Schritt aufgemalt werden. Zuletzt werden die Muster mit Gold-Flitter aufgetragen.

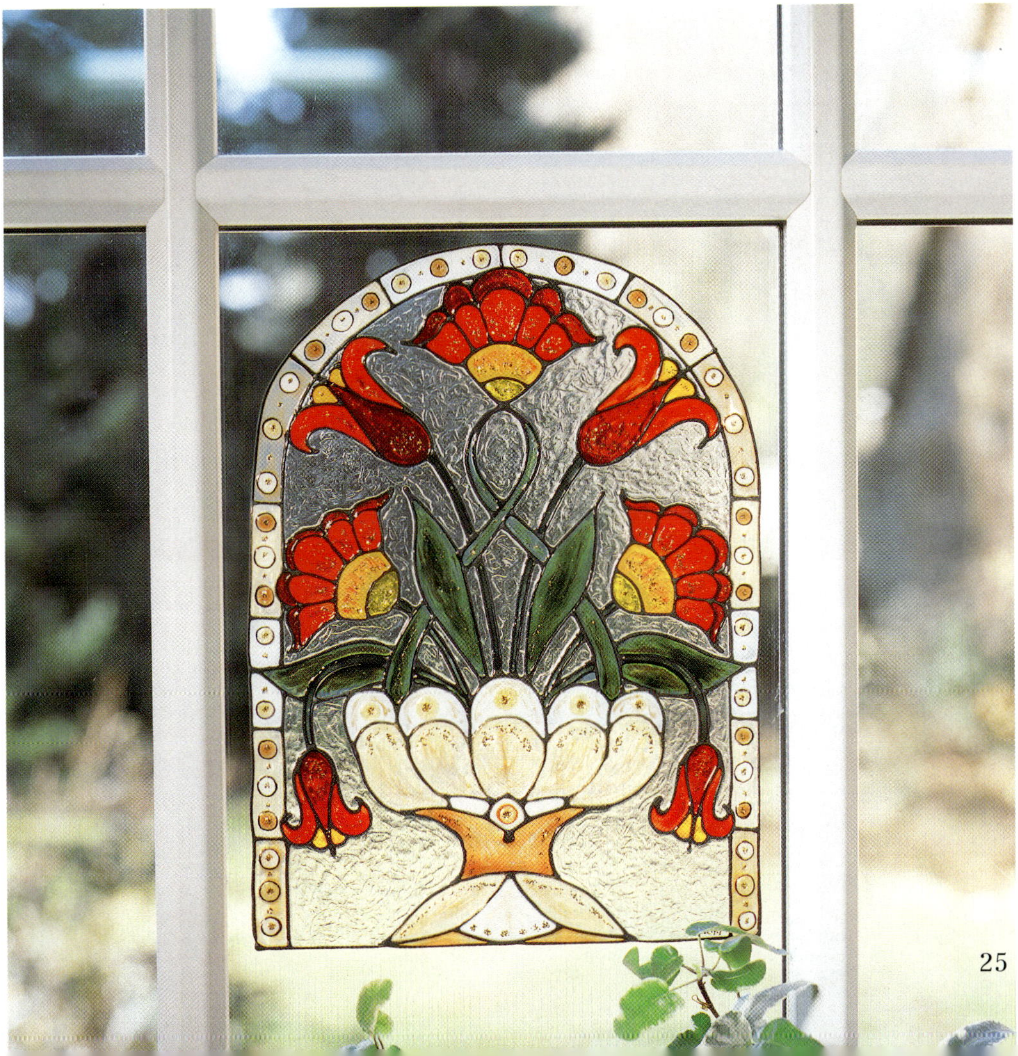

Dekoratives auf Glas und Co.

Vase Frauenkopf

Material

- Konturenfarbe in Schwarz
- Window-Color in Kristallklar, Kristallmatt, Schwarz, Jeansblau, Violett, Grau, Gold-Flitter, Perlmutt,
- Relieffarbe mit Gold-Flitter
- Vase
- Holzstäbchen

Anleitung

Malen Sie zunächst die Bleikontur auf und dann die Farbflächen aus. Die Strahlen können unabhängig vom Innenmotiv separat gemalt und später aufgeklebt werden. Zwischen je zwei Strahlen in Gold-Flitter wird die Fläche mit Kristallmatt ausgemalt. Jedes zweite Feld zwischen den Strahlen bleibt frei. Die Ränder der Vase können auch direkt mit Gold-Flitter bemalt werden.

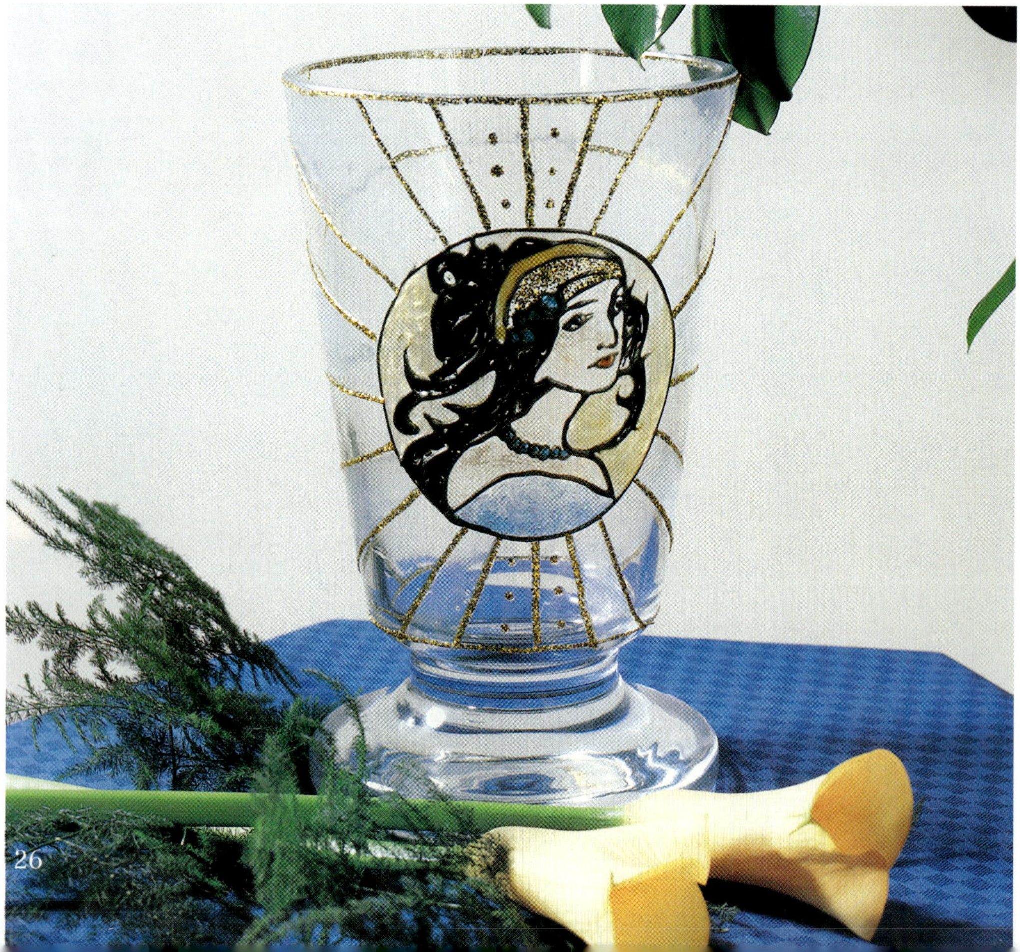

Käseglocke in Blau

Material

- Konturenfarbe in Blau
- Window-Color in Hellblau, Königsblau, Jeansblau, Schieferblau, Grau
- Käseglocke
- Holzstäbchen

Anleitung

Die vorgefertigten Stränge in Blau werden mit einem Abstand von ca. 1 cm parallel aufgeklebt. Die Zwischenräume werden zunächst mit blauer Konturenfarbe in Felder eingeteilt und dann in den verschiedenen Blautönen und in Grau ausgemalt. Wahlweise können aber auch alle Konturen zunächst auf Folie gemalt und dann nach dem Aufkleben ausgemalt werden.

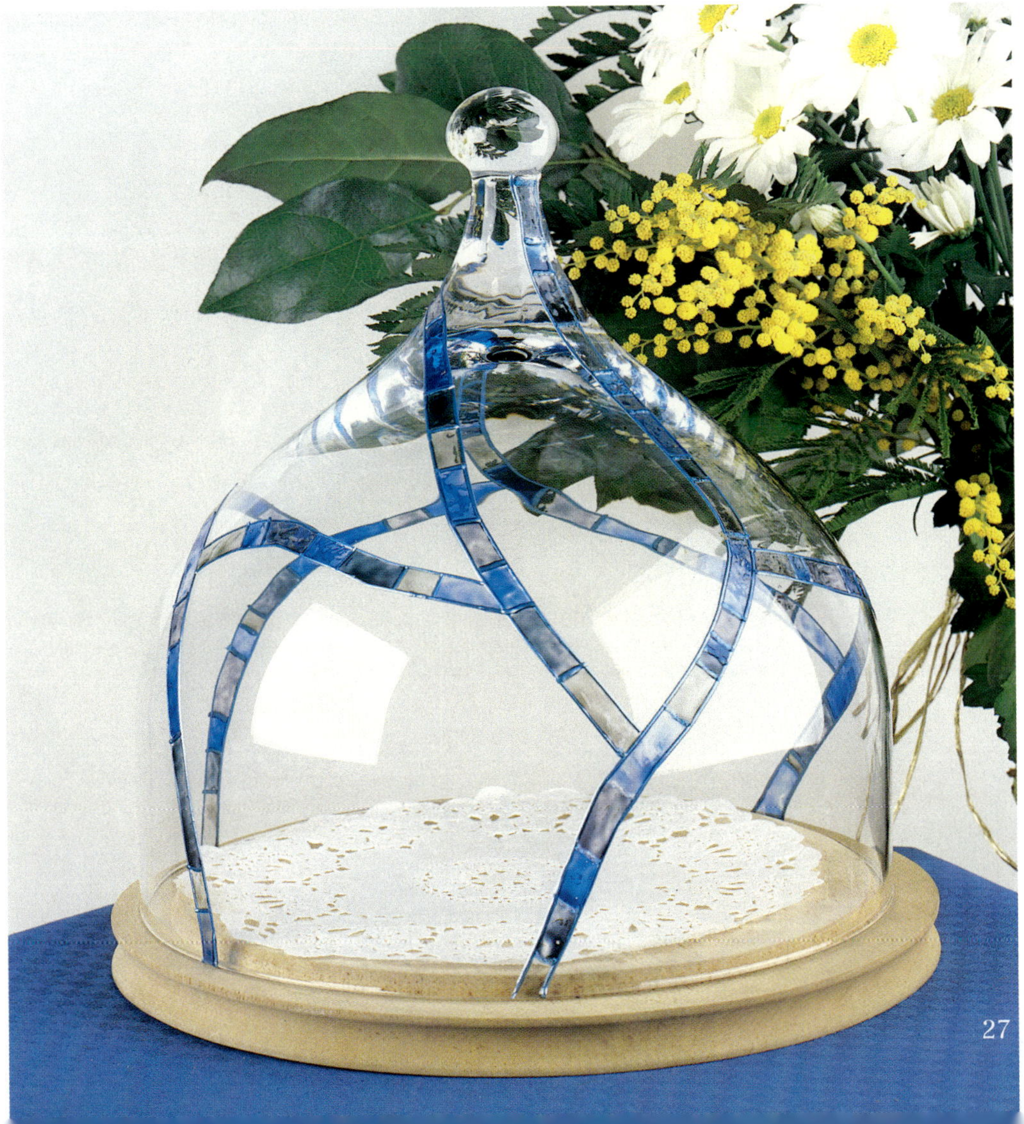

Früchte auf Flaschen

Material

❖ Konturenfarbe in Schwarz
❖ Window-Color in Grün, Efeugrün, Smaragd, Orangerot, Rubinrot, Sonnengelb, Rosenrot
❖ Relieffarbe mit Gold-Flitter
❖ Filzstift in Schwarz
❖ diverse Flaschen
❖ Holzstäbchen

Anleitung

Die Motive werden in der Transfertechnik (s. Grundanleitung S. 8 f.) zunächst auf Folie gemalt und dann auf die Flaschen geklebt. Die Glaskörper können dann zusätzlich mit Mustern, z.B. Punkte oder Streifen, in Gold-Flitter verziert werden. Die Samen der Erdbeeren werden nach dem Malen mit schwarzem Filzstift aufgezeichnet.

Früchte und Blätter auf Vasen

Material

❖ Konturenfarbe in Schwarz
❖ Window-Color in Kristallklar, Grün, Efeugrün, Smaragd, Sonnengelb, Bernstein, Kakaobraun, Orangerot
❖ Relieffarbe mit Silber-Flitter
❖ Filzstift in Schwarz
❖ diverse Vasen
❖ Holzstäbchen

Anleitung

Die Motive werden zunächst auf Folie gemalt und dann im Transferverfahren auf die Vasen übertragen. Feine Blattadern werden erst nach dem Trocknen der Farbe mit einem Filzstift aufgezeichnet. Das Glas kann anschließend noch mit Kristallklar strukturiert werden, indem die Farbe mit einem Holzstäbchen in kreisenden Bewegungen aufgetragen oder in Punkten aufgesetzt wird. Verschiedene Muster können außerdem in Silber-Flitter aufgetragen werden.

Karte Phantasie-ornament in Blau

Anleitung

Nach der Anleitung auf S. 7 werden die Konturen und die Felder gemalt. Dabei empfiehlt es sich, auf einer bereits in der entsprechenden Größe zugeschnittenen und stabileren Folie zu arbeiten.

Karte Blaues Herz

Anleitung

Zeichnen Sie die Konturen und die Felder gemäß der Grundanleitung auf S. 7. Die Felder können im Nachhinein mit Kristallklar zusätzlich strukturiert werden.

Karte Rote Graphik

Anleitung

Gemäß der Grundanleitung auf S. 7 werden zunächst die Konturen und die Felder gemalt. Dabei empfiehlt es sich auf einer

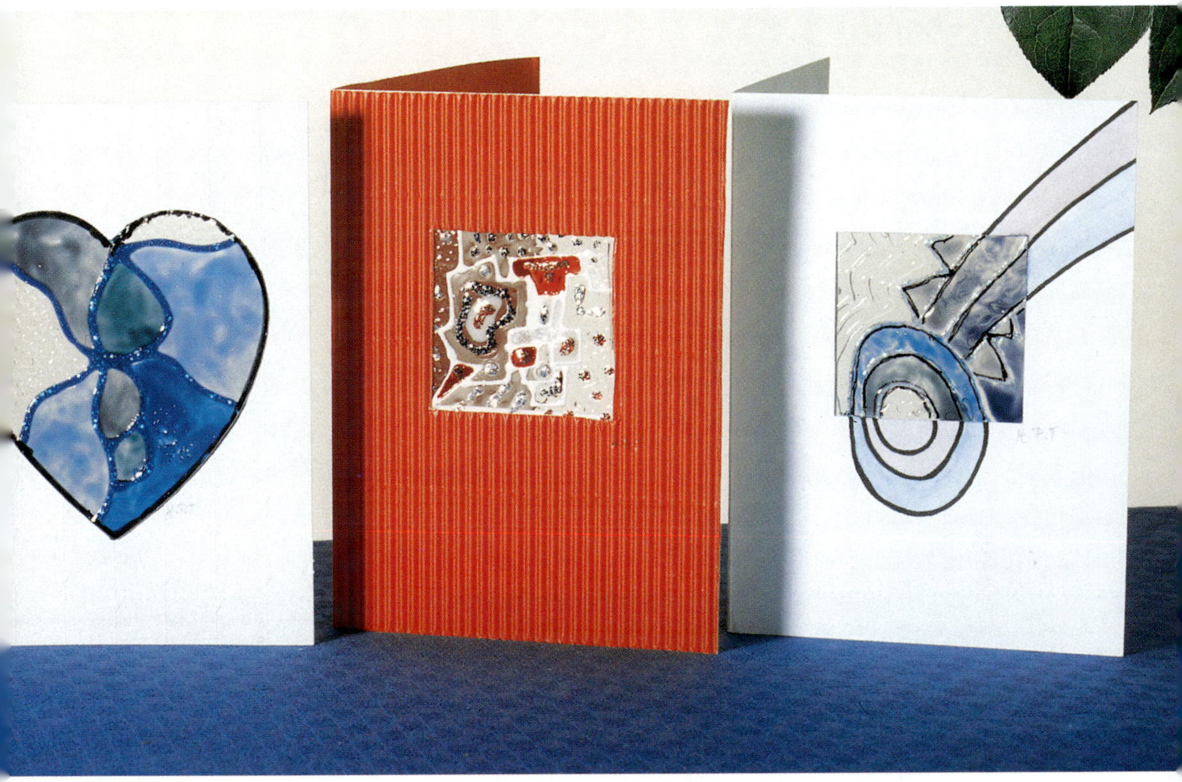

bereits in der entsprechenden Größe zugeschnittenen und stabileren Folien zu
arbeiten. Um dem Bild Stabilität zu verleihen, wird diese mit aufgeklebt. Hat der
Kartenausschnitt kein Gegenblatt oder
schneidet man dieses ebenfalls aus, so
kann die Karte gut als Transparentbild
vor eine Kerze gestellt werden.

Karte Blauer Komet

Material
* ❖ Konturenfarbe in Schwarz
* ❖ Window-Color in Kristallklar, Perl-
  mutt, Grau, Schieferblau, Königs-
  blau, Hellblau, Jeansblau
* ❖ Relieffarbe mit Gold-Flitter
* ❖ Farbstifte
* ❖ Passepartoutkarte DIN A6 in Weiß –
  Quadrat
* ❖ Holzstäbchen

Anleitung
Nach der Anleitung auf S. 7 werden die
Konturen und die Felder gemalt. Dabei
empfiehlt es sich, auf einer bereits in der
entsprechenden Größe zugeschnittenen
und stabileren Folie zu arbeiten.
Diese wird nämlich mit in die Karte geklebt, um dem Bild Stabilität zu verleihen.
Ein Teil des Motivs wird direkt in die
Karte geklebt und/oder aber mit Farbstif-
ten aufgemalt.

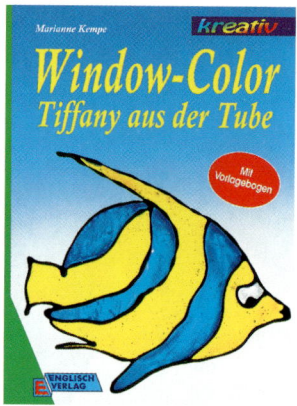